LA FRANCE EN 1839.

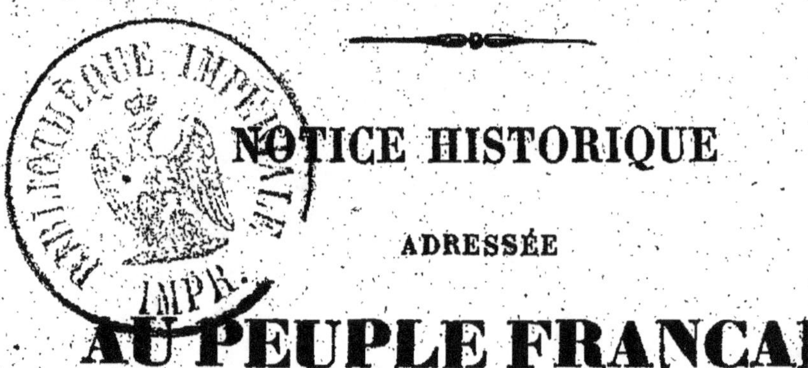

NOTICE HISTORIQUE

ADRESSÉE

AU PEUPLE FRANÇAIS

> Si on multiplie les impostures,
> il faut bien aussi multiplier
> des réponses.
>
> VOLTAIRE.

J.-B. C.....

PARIS,

IMPRIMERIE DE P. BAUDOUIN,

Rue et hôtel Mignon, 2.

1839

LA FRANCE EN 1839.

Plus de huit années viennent de s'écouler depuis la révolution de Juillet. La France si long-temps divisée par des factions anarchiques, goûte enfin cette tranquillité, ce bonheur que Louis-Philippe avait promis de lui donner en montant sur le trône, où l'appelait le vœu de la nation! Sans doute en acceptant le souverain pouvoir après un orage politique qui venait de renverser une dynastie imposée à la France, Louis-Philippe ne se dissimula point toutes les difficultés qu'il aurait à vaincre pour asseoir sur des bases solides et durables la naissante monarchie de 1830; il en accepta toutes les conséquences, et ce fut le 9 août que ce prince, d'un caractère doux, économe, franc, loyal et modeste, se laissa porter au trône pour éviter l'anarchie qui aurait pu suivre les jours de juillet.

Louis-Philippe a apporté sur le trône toutes les vertus civiques ; doué d'une haute capacité, profond politique ; au milieu du travail pénible des affaires de l'état, il trouve encore du temps pour cultiver les lettres qu'il aime avec passion ; aussi, ses constants efforts pour assurer le bien public, l'ordre et le respect aux lois ont été couronnés d'un plein succès' et on peut dire au Roi ce que Cinna dit à auguste :

C'est vos rares vertus qui vous ont fait monarque.

Cependant la France a passé par de terribles épreuves, et quand le calme est rétabli, que de sanglantes époques sont effacées, il est douloureux pour le pouvoir d'être non-seulement en butte à la calomnie et à la médisance, mais encore de voir journellement ses actes décriés par une opposition, bien résolue d'avance, à trouver tout mauvais. Du moins il en a été ainsi jusqu'à présent de tous les ministères qui se sont succédés depuis 1830.

Quoique le bon sens du peuple fasse justice de toutes ces calomnies, débitées avec plus ou moins d'intention, par une opposition systématique ; il est nécessaire de montrer à la France l'état où elle se trouve placée, qu'elle doit, quoiqu'on en dise, à la marche que le gouvernement a suivie jusqu'à ce jour.

Que l'on se reporte au milieu de toute la pompe du siècle de Louis XIV, de ce siècle qui venait de placer la France au premier rang des nations civilisées et la proclamait reine du monde; — qu'on établisse un parallèle entre ce siècle et le nôtre, et on verra toute la différence qui existe aujourd'hui entre ces deux époques!.. — Oh! comme nous l'avons laissé loin derrière-nous, ce siècle!.. C'est que la France a marché à pas de géants, et maintenant elle est dans toute l'apogée de sa gloire!..

Hâtons-nous de le dire : toutes nos célébrités d'à présent ont surpassé celles d'autrefois? Arts, industrie, progrès, dignités, grandeurs, considérations, prospérités, en un mot tout ce qui peut rendre un peuple heureux, telle est la France d'aujourd'hui!.. Qui pourrait dire le contraire si ce n'est ses ennemis!..

Paris, cette Babylone moderne, où tout semble se faire comme par enchantement, où tout semble être commandé par une baguette magique qui n'a qu'à toucher la pierre, le marbre et le bronze pour les faire changer en merveilles, Paris, disons-nous, n'a jamais brillé d'un plus vif éclat !..

Parcourez les départements, visitez nos grandes villes, vous y verrez le commerce dans un état des plus florissants : — Lyon, relevé de ses deux désastreuses époques, a repris toute son activité industrielle ; Marseille, la cité phocéenne, s'est élevée rapidement au degré de richesses dont la base est un commerce spécial qui ne peut lui être disputé ; Bordeaux, Nantes, Rouen, le Hâvre, Lille, Toulouse, toute la France enfin est dans un état qui ne laisse rien à désirer.

— La France n'envie plus rien à l'Allemagne sous le rapport de l'instruction publique ; le dernier de nos villages possède une école primaire, les masses s'instruisent ; notre industrie ne le cède en rien à celle de nos voisins d'outre-mer.

Il résulte d'un état comparatif publié par M. le ministre des finances, que l'anné 1838 présente un total de recettes qui excède de 35,672,000 f. celui de 1836, et de 19,890,000 f. Celui de 1837.

— Quand à nos relations politiques et commerciales avec les puissances étrangères, tout le monde le sait, elles sont des plus satisfaisantes et ne laissent rien à désirer sous aucun rapport. La France occupe le rang qui lui appartient dans l'estime de ses alliés comme dans celle du monde entier. Chaque jour, notre puissance se raffermit en Afrique ; et les indigènes obéissent à une administration regulière et équitable qui les fera bientôt jouir des bienfaits de la civilisation.

Le brillant fait d'armes qui répare les outrages et les spoliations que les Français avaient subis dans le Mexique est un éclatant démenti à tout ce qu'on avait pu dire sur cette expédition.

La prise du fort de St.-Jean-d'Ulloa a produit un effet immense sur l'opinion publique dans le nouveau monde ; les conséquences en seront fort importantes, nous n'en doutons pas ; tout le monde y gagnera, le commerce principalement. Le blocus des ports du Mexique causait un notable préjudice au commerce des Etats-Unis. L'amiral Baudin a fait prévenir tous les consuls que désormais le port était ouvert à toutes les nations.

Quoiqu'en dise la malveillance, nous le répétons, rien ne manque à la gloire de la France.

Que n'a-t-on pas dit encore sur l'évacuation d'Ancône? Mais il faut que l'opposition vive, quelque soit l'acte du pouvoir qui lui fournit sa pâture. Le tort du gouvernement à ses yeux, n'est pas d'agir de telle manière, car les moyens qu'il emploiera seront toujours trouvés détestables par la presse opposante ; son tort, c'est d'être un gouvernement, ce mot dit tout.

Certes, plus que personne, peut-être, nous ne voulons pas l'abaissement de la France, nous sommes trop jaloux de sa gloire et nous en avons donné des preuves au jour du danger. Mais avant tout, nous voulons la foi jurée, la stricte exécution des traités. Il nous suffira de citer, à ce sujet, l'extrait d'un article publié par une feuille étrangère, qui répond victorieusement à toutes les déclamations des ennemis de l'ordre et de la paix, et qui est un éclatant témoignage de la loyauté de la France.

« Assurément, le pouvoir qui gouverne un état peut commettre des fautes ; mais dans le siècle éclairé où nous vivons, appuyé sur toutes les lumières et toutes les capacités dont il s'entoure, il est bien probable qu'un gouvernement ne fait pas seulement des fautes, et rien autre chose que des fautes. Mettons que sur la totalité de ses actes, il se trompe relativement à la moitié, il y aurait toujours dans ce cas une moitié pour laquelle il faudrait sinon le louer, du moins s'abstenir de l'attaquer. Or, quand il résulte des journaux de l'opposition que jamais, dans aucun cas, le gouvernement n'a eu raison, qu'il s'est toujours, et sans exceptions, livré à l'erreur, à l'ignorance ou à l'arbitraire, qu'il est dans l'impossibilité absolue de bien faire même une seule fois, quelle que soit la durée de son existence ; il ne reste plus à l'observateur impartial qu'une ressource, c'est d'admettre que l'on condamne et que l'on ne juge pas ; que l'on était bien résolu d'avance à trouver tout mauvais avant de rien connaître, et que l'esprit de dénigrement absolu, de tous les genres d'esprit le plus facile, est le caractère exclusif de l'opposition.

« S'il est une occasion où elle ait manqué de justice et où elle ait mis la passion à la place de la logique de la raison, c'est certainement au sujet de l'évacuation d'Ancône, évacuation, soit dit en passant, que les journaux appellent *abandon*, afin de donner à un acte tout simple la couleur de faiblesse et de lâcheté qui résulterait de l'abandon d'une conquête légitime ou d'une incontestable propriété.

« Il y a trois ans, la Russie occupait les deux principautés de Moldavie et de Valachie, et la forteresse de Silistrie. Cette occupation était faite aux termes des traités, et n'aurait pu se prolonger sans injustice, après l'accomplissement de certaines conditions. La Russie a évacué aussitôt qu'elle l'a dû ces provinces et cette citadelle. Eh bien ! les feuilles de Paris qui avaient soupçonné la bonne foi de la Russie, reprochent aujourd'hui à leur gouvernement de n'avoir pas fait ce qu'elles auraient trouvé déloyal chez une puissance étrangère !

« Examinons, en effet, la question dégagée de toute déclamation passionnée.

« L'occupation d'Ancône par les troupes françaises en 1832 fut une démonstration hardie.

« L'apparition subite de la France étonna le Pontife. La parole du Roi Louis-Philippe le rassura bientôt. Une convention fut conclue par laquelle la France *s'engageait* (entendez-vous, MM. les journalistes qui parlez sans sesse de la bonne foi politique, et de la fidélité à la parole donnée ?) LA FRANCE S'ENGAGEAIT conjointement avec l'Autriche à se retirer des états romains quand la tranquillité y serait rétablie et raffermie.

« Tels sont les faits. Telles étaient les conditions de l'évacuation. Or, n'est-il pas vrai que la tranquillité est aujourd'hui rétablie et raffermie dans les Etats Romains? n'est-il pas vrai que l'ordre le plus parfait règne dans toute l'Italie? n'est-il pas vrai que l'Autriche se retire?

« Quel prétexte resterait-il donc aux Français pour continuer d'occuper Ancône? Où sont les troubles à dissiper? où est la force étrangère dont il faut balancer l'influence? où sont les conditions qui donnaient seules à l'occupation le caractère ou l'apparence du droit? Rien de tout cela n'existe plus. Vouloir rester à Ancône, ce serait donc jeter le masque, démentir le côté honorable de la politique française, et se proclamer à la fois conquérant par surprise et par violence. Ce n'est pas seulement du peuple français, mais du monde entier dont nous pourrions les invoquer le jugement.

« Quelque injuste que soit, au reste, cette opinion factice dont les erreurs ne se comptent plus, il est un spectacle consolant pour l'Europe. Le Pontife a remercié ses alliés de leur appui, et les a sommés de tenir leur parole. A Vienne, à Paris, on a reconnu que la justice parlait par sa voix , et les traités signés s'exécutent avec une loyauté remarquable.

« Tout ceci tourne donc au profit de la paix, et ajoute à l'estime réciproque des gouvernemens dont l'harmonie la garantit à l'Europe. Laissons crier les factions dont les plaintes sont un prétexte, et dont cette paix est le seul grief véritable. Le jour n'est pas loin où les passions intéressées de la presse auront perdu tout leur crédit sur l'opinion, et où l'on saura gré aux pouvoirs suprêmes de ce calme tutélaire et conservateur contre lequel se brisent aujourd'hui les flots verbeux du journaliste irrité. »

Ce témoignage dont aucun esprit d'étroite hostilité n'altère la valeur peut assurement être opposé avec avantage aux déclamations de ceux qui se croient obligés chez nous d'être toujours d'un avis contraire à celui du gouvernement.

En présence de tous ces faits, que direz-vous , ennemis du pouvoir? — Suivant votre habitude, refuterez-vous encore, par un langage fallacieux ce qui est évident? — S'il en était ainsi , bon dieu, votre système se résumerait tout entier dans ce vers de Molière :

« Nul n'aura de l'esprit hors nous et nos amis.

Mais nous pousserons les choses un peu plus loin. Croyez-vous, par exemple, que si vous étiez au pouvoir, ce qu'à Dieu ne plaise, vos actes, fussent-ils dictés par la meilleure intention du monde, par le désir de faire le bonheur de ceux que vous seriez destiné à gouverner, par l'amour de la gloire et le bien-être de votre patrie, croyez-vous, disons-nous, que vos actes ne seraient pas décriés comme vous décriez aujourd'hui ceux du pouvoir qui gouverne ?..

Mais ne vous y trompez pas, votre opposition n'est ici guidée que par un esprit d'égoïsme et d'intérêt ; et non par le bien du pays et le bonheur du peuple auquel vous ne pensez nullement. Il faut l'avouer, c'est là un étrange patriotisme !......

Déjà la dynastie de juillet semble se perpétuer. Un nouveau rejeton vient de fleurir de la branche d'Orléans, et la capitale se trouve heureuse de lui donner son nom. Le 24 août, à 3 heures de l'après midi, le canon des Invalides annonçait la naissance de Louis-Philippe-Albert Comte de Paris.

Au premier signal de l'heureuse délivrance de la duchesse d'Orléans, tout le peuple fut en émoi ; mais dès que le bronze eut retenti pour la vingt-deuxième fois, l'élan fut général, les cris de vive le Roi se firent entendre de toutes parts , et le lendemain à six heures du matin la France entière saluait par des acclamations cet enfant qui appartient tout entier à la patrie dont il doit faire un jour le bonheur.

La France voit avec une satisfaction mêlée d'orgueil la famille de son auguste monarque promettre des bases solides et durables à la nouvelle génération qu'elle s'est crée par l'œuvre de sa glorieuse révolution ! Tous les talents et toutes les vertus semblent être représentés par chacun de ses membres et s'unir comme un beau groupe pour former le tableau le plus intéressant et le plus parfait.

Oh ! ce n'est pas à nous à faire , ici, dans une brochure sans importance , écrite seulement pour éclairer le peuple et le tenir en garde contre les embûches que les ennemis de l'ordre, les envieux du pouvoir semblent lui tendre journellement, que nous voudrions faire l'éloge d'une aussi noble et belle famille ; notre voix serait trop faible et notre talent trop médiocre pour espérer de le faire avec quelques chances de succès ; cela serait au dessus de nos forces !......

Par exemple, que pourrions-nous dire sur Marie-Amélie, la reine des Français, la noble, vertueuse et digne épouse de notre Roi, la plus tendre des mères ; que pourrions-nous dire, sinon que sa vertu commande le respect, que sa bienfaisance, sa piété, la font chérir de tous, que sa douce charité est toujours prête à tarir les larmes qui s'échappent des yeux d'un infortuné, et sa main toujours ouverte pour le secourir ; que tout un peuple ému, édifié d'un tel assemblage de vertus, ne cesse de faire des vœux pour que la divine Providence conserve des jours aussi précieux ; nous le répétons, tout ce que nous pourrions dire serait de trop peu de valeur pour atteindre le but que nous nous serions proposé, et nos paroles trop faibles pour faire dignement l'éloge de tant de vertus !... Grande Reine, nous nous avouons indignes d'une telle tâche et nous craindrions de blesser les nobles sentimens qui règnent dans votre âme, car la vertu n'aime pas à être encensée... Pardonnez-nous donc si dans notre enthousiasme et notre admiration, nous avons osé le faire ici !....

Hélas ! pourquoi faut-il qu'un si beau caractère de femme, un si noble portrait d'épouse ; pourquoi faut-il que le cœur d'une aussi tendre mère soit affecté par la perte d'un de ses enfans, soit abreuvé de douleur par la mort d'une fille chérie !... Oh destin ? rien ne peut donc te fléchir ! rien ne peut nous soutraire à tes terribles arrêts ; ni l'amour si sacré d'une mère, ni la vertu d'une épouse chérie, ni les grâces enchanteresses d'une femme adorée de tous ; oh destin, tu es inexorable !

Oh ! ce n'est point par des paroles d'étiquette que nous exprimons ici la douleur que nous ressentons de la mort de la princesse Marie !... C'est pénétré de la plus vive affliction comme tous ceux qui ont été à même de connaître les vertus de la jeune princesse, que nous déplorons la perte cruelle que la famille royale vient d'éprouver, et nous nous associons de cœur et d'âme à ces trop justes regrets.

Le duc d'Orléans est d'un caractère doux et

affable ; joignant la fermeté à la prudence , a pris place à côté de nos généraux. On ne saurait lui contester d'être digne , à tous égards, d'occuper un jour le trône , et comme son père , il promet le bonheur de la France.

Toute l'armée lui rend justice comme militaire et se glorifie de l'avoir pour chef. Le duc d'Orléans a été marié à Hélène-Louise-Marie-Elisabeth de Mecklembourg. Cette princesse justifie de plus en plus l'accueil tout de cœur et d'amour que lui a fait la France. Douée des mêmes vertus que la Reine , elle fuit l'éclat pour répandre plus à l'aise les bienfaits , qui sont devenus son unique occupation. On ne saurait trouver plus de grâces unies à plus de bienveillance...

La conduite du duc de Nemours sous les murs de Constantine le place au rang des militaires les plus distingués de notre époque ; comme celle du prince de Joinville sous les canons du fort de Saint-Jean-d'Ulloa vient de le mettre au rang de nos plus braves, comme de nos plus illustres marins, et semble promettre à notre marine un avenir de gloire et une puissance désormais sans rivale !

Maintenant que la France n'est plus déchirée par les factions anarchiques, que les cabales sont déjouées, que les passions sont éteintes, que l'avenir de la patrie semble se couronner d'une brillante auréole de gloire, que le commerce, les arts, l'amour du peuple et le génie de la France entourent le trône de juillet comme pour rendre hommage au monarque en qui elle a placé ses brillantes destinées, Français, ne formons plus qu'une seule et même famille dont Louis-Philippe sera le père, et nous assurerons à notre pays, paix, bonheur et prospérité!!...

J. B. C.

FIN.

PARIS. — IMP. DE P. BAUDOUIN, RUE MIGNON, 2.